LE
CHAMP DE BATAILLE
DE LOIGNY

Par H. DE LACOMBE

PARIS	ORLÉANS
Ch. DOUNIOL et Cie	H. HERLUISON
Libraires-Éditeurs	Libraire-Éditeur
29, RUE DE TOURNON, 29	17, RUE JEANNE-D'ARC, 17

MDCCCLXXVI

LE

CHAMP DE BATAILLE

DE LOIGNY

Imprimerie de PUGET et Cie, à Orléans.

LE

CHAMP DE BATAILLE

DE LOIGNY

Par H. DE LACOMBE

PARIS
Ch. DOUNIOL et Cie
Libraires-Éditeurs
29, RUE DE TOURNON, 29

ORLÉANS
H. HERLUISON
Libraire-Éditeur
17, RUE JEANNE-D'ARC, 17

MDCCCLXXVI.

Les pages qui suivent pourraient être dédiées à la France. Inspirées par ses malheurs, elles sont destinées à retracer, avec la mobile physionomie des lieux où se passèrent des actions héroïques, les sentiments immortels dont naquirent ces actions, et dont était née aussi la vieille grandeur de la France qui, nous l'espérons, sera, comme eux-mêmes, immortelle.

2 décembre 1876.

I

Patay en Beauce.

A qui voudrait respirer loin de nos querelles et contempler dans la paix une France meilleure, nous conseillerions un pèlerinage à Loigny. C'est un pauvre village de Beauce. Il y a six ans déjà, par une soirée de décembre, il parut tout en flammes, il brûla comme un bûcher où resplendissaient dans l'abandon et dans la défaite les plus nobles figures de la chevalerie et de l'honneur; retourné maintenant au calme de ses champs, il élève vers le ciel un monument auguste où se mêle tout ce que l'humanité peut offrir de plus grand à Dieu : un temple et un tombeau.

Le pays n'est qu'une vaste et longue plaine; il se déroule à perte de vue, sur un fond presque uni comme ces toiles du palais de Versailles, où le pinceau classique de Le Brun et de son école se plaisait à représenter les batailles de Louis XIV. C'est à peine si, par intervalles, quelque pli de terrain ondule; si quelque fumée de ferme monte dans l'air ; si quelque bouquet d'arbres, dispersé çà et là, vient distraire l'impassible gravité des choses.

Si vous arrivez du côté d'Orléans, vous rencontrez d'abord la petite ville de Patay. Nom d'heureux augure ! Il rappelle une victoire, cette belle victoire du samedi 18 juin 1429, que Jeanne d'Arc, assistée de princes du sang, d'un connétable, de maréchaux et d'amiraux, d'une élite accourue de tous les points de la France, remporta sur les Anglais.

Comme les siècles ont tout changé en ces lieux ! Patay n'a plus son abbaye fortifiée et crénelée à laquelle auraient voulu s'appuyer les soldats de Talbot, déjà déconcertés par leurs échecs des bords de la Loire, par la délivrance d'Orléans, par la perte de Beaugency et de Jargeau. Où sont même les bois qui lui faisaient une ceinture ? L'œil cherche en vain quelque trace des épais fourrés, d'où s'élança le cerf qui, tombant avec tumulte au milieu des tentes des Anglais, avertit l'avant-garde française de la présence de l'ennemi. Il n'y a plus vestige de ces grandes haies et de ces grands buissons dont les redoutables archers d'Outre-Manche comptaient, selon leur coutume, se protéger, lorsqu'ils furent surpris et culbutés par l'impétuosité des hommes d'armes à qui la vierge lorraine avait dit pour mot d'ordre : « Chevauchez hardiment, vous aurez bon conduit (1). »

Sur la plaine nue où les vainqueurs couchèrent le soir de la bataille (2), l'église de Patay est peut-être la seule qui se dresse comme autrefois : malgré les changements qui l'ont renouvelée elle-même ; malgré l'incendie qui deux fois, dans nos guerres de religion, la dévasta ; malgré les rides et les ruines qu'elle a réparées d'âge en âge, elle est là, toujours debout, l'église vénérable, dont la cloche a, de ses joyeuses volées, sonné la victoire ; dont l'autel a vu

---

(1) *La Chronique* d'ENGUERRAN DE MONSTRELET, édition publiée par la Société de l'histoire de France, t. IV, p. 328.

(2) « Le connétable et les autres seigneurs couchèrent cette nuit à Patay sur le champ ; car bien estoient-ils las, et avoient eu grand chaud. » *Histoire particulière d'Artus III, duc de Bretagne et connétable de France*, par le sieur DE VILLIERS.

Jeanne d'Arc, le connétable de Richemont, Dunois, le duc d'Alençon, le comte de Vendôme, La Hire, Xaintrailles, tous les héros de l'affranchissement de la France, venir, encore haletants et poudreux, *remercier dévotement et humblement leur Créateur* (1) !

Le coin de terre qui va de Patay à Loigny, était comme prédestiné à la renommée : les légions de Rome y ont campé (2) ; des sillons de ses champs, le soc de la charrue fait jaillir encore du fer, des monnaies, des médailles, des mosaïques, tous les signes d'une civilisation ensevelie. C'est ainsi que la majesté de l'antique Rome

---

(1) *La Chronique* DE MONSTRELET, *Ibid.*, p. 330 : « Après laquelle besongne, qui fut environ deux heures après-midi, tous les capitaines françois se rassamblèrent ensemble, en regraciant dévotement et humblement leur Créateur. »

(2) Près de Patay se trouve un champ qui s'appelle *Climat-du-Camp*; une tradition acceptée par d'éminents archéologues prétend que là fut un camp romain. Ce fut par le *Climat-du-Camp* que les Anglais, vaincus à Patay, prirent la fuite. (Voir l'*Histoire du siége d'Orléans*, par M. MANTELLIER, premier président de la Cour d'Orléans, membre correspondant de l'Institut.)

forme l'arrière-scène des souvenirs glorieux qui s'élèvent ; les grands ossements romains se sont confondus et pétris avec cette poussière, ils ont préparé d'avance le lit où, depuis Jeanne d'Arc jusqu'à nos jours, la mort devait endormir tant de vaillants.

Après la victoire de Patay, le règne des Anglais fut fini dans ces contrées ; ils avaient fui tout d'une traite jusqu'à Corbeil. De cette domination, si audacieuse et si assurée, qui avait débordé jusqu'aux bastilles d'Orléans où elle se brisa, il ne demeura bientôt plus, dans la mémoire populaire, qu'un mauvais songe évanoui ; qu'une vague rumeur, encore répandue sur une plaine qui, depuis quatre siècles, s'appelle toujours le Cimetière aux Anglais (1).

Mais, si les Anglais ne reparurent pas dans la Beauce, la guerre, même l'invasion y revinrent : là où les preux de Charles VII, guidés par Jeanne d'Arc, avaient laissé leur

---

(1) La plaine qui a nom *Cimetière-aux-Anglais*, est auprès de Patay. (Voir le *Bulletin de la Société archéologique de l'Orléanais*, livraison du 3e trimestre de l'année 1854.)

ineffaçable empreinte, les Guises, Coligny, La Noue, les Condés passèrent, tantôt vainqueurs, tantôt vaincus, bataillant toujours. D'autres hommes du Nord, non moins pesants que les Anglais, y affluèrent, poussés par l'effroyable tourmente où les dissensions religieuses emportaient les destinées de la France.

Durant le duel gigantesque de nos premiers Valois avec Charles-Quint et son fils, les Allemands avaient plus d'une fois pénétré dans le royaume, semant au loin une terreur dont l'impression se conservait toute vive encore sous le ministère du cardinal de Richelieu : les populations de la Champagne se retiraient précipitamment, avec leurs meubles et leurs bestiaux, du côté de l'Ile-de-France ; celles de l'Ile-de-France émigraient au-delà de la Loire. Ce fut dans une de ces paniques, Charles-Quint ayant déjà pris Saint-Dizier, que, pour réconforter les Parisiens épouvantés, François Ier vint se promener familièrement au milieu d'eux ; il disait en souriant aux bourgeois qui se pressaient autour de leur roi : « Je puis bien vous garder du péril ;

mais de la peur, je ne puis (1). » Prêt à partir pour l'armée, il disait encore, toujours ulcéré de sa captivité de Madrid : « Plustost mourir dans la bataille que d'endurer une seconde prison (2). » C'est dans une autre de ces angoisses nationales, sous le coup du désastre de Saint-Quentin, en face de nos frontières ouvertes, que le fils de François Ier, le roi Henri II, écrivait au duc de Guise ces lignes, dignes de figurer dans l'histoire auprès du mot sublime de son père fait prisonnier à Pavie : « Reste à avoir bon cœur et ne s'estonner de rien (3). » Henri II

---

(1) Œuvres complètes de BRANTÔME : *Grands capitaines François ; le Grand Roy François*, t. III, p. 161, de l'édition publiée par la Société de l'histoire de France.

(2) Œuvres de BRANTÔME, *ibidem*.

(3) La lettre du roi Henri II au duc de Guise, qui était alors en Italie, fait tant d'honneur au prince et au peuple, que nous ne pouvons nous refuser le plaisir de transcrire tout le passage : « J'ay un si bon et affectionné peuple, qu'il m'offre et veut donner tout ce qu'il a en ce monde avec sa propre vie, s'il est besoin de l'employer : et déjà ceux de cette Ville de Paris pour commencer, m'ont fait un notable aide et secours, outre ce qu'ils veulent faire davantage ; et sont la pluspart des autres

pouvait parler ainsi ; il avait déjà montré qu'il avait bon cœur, et forcé l'ennemi lui-même à s'étonner : quelques années auparavant, il avait planté la bannière aux fleurs de lys sur les villes impériales de Metz, de Toul et de Verdun ; puis, poussant jusqu'à Strasbourg-en-Allemagne, comme on disait alors, il avait touché le Rhin dans les eaux duquel les chevaux de France burent à longs traits, *à leur aise, en signe de triomphe* (2).

La paix fut vainement signée entre les deux peuples ; le goût de cette France, qu'ils n'avaient qu'entrevue, ne quitta plus les Allemands, elle hanta longtemps leurs

---

Villes principales de ce Royaume en mesme volonté et affection, avec tous ceux des Estats qui ne demandent sinon de sçavoir mon vouloir et intention pour m'obéïr et satisfaire : de sorte que par faute de gens et d'argent, il ne demeurera aucune chose de ce qui est à faire pour résister à l'ennemy, le repousser vivement, et luy faire par adventure souffrir une honte : reste à avoir bon cœur et ne s'estonner de rien. » Le Roy à M. de Guise, de Paris, 5 août 1557, *Lettres et Mémoires d'Estat*, publiés par RIBIER, t. II, p. 701.

(2) Œuvres de BRANTÔME : *Grands capitaines François ; le Grand Roy Henri II*, t. III, p. 267 de la même édition.

imaginations : c'était le pays de l'abondance, c'était la plus riche proie de la chrétienté. Au mariage du roi Charles IX avec la princesse Elisabeth, fille de l'empereur Maximilien II, qui fut célébré, le 25 novembre 1570, à Mézières, dans la ville naguère défendue par Bayard, les seigneurs allemands ne tarissaient pas sur la beauté de la France : « Et puis dire une chose, raconte l'historiographe de la cérémonie nuptiale, que je vis fort commune et fréquente entre eux, qu'ils s'émerveilloient fort de voir tant de noblesse de France, tant de précieux et superbes habits, tant de perles, tant d'or et d'argent ; et répétoient souvent que la France estoit un grand, riche et opulent royaume, puisque après avoir soutenu tant de guerres, ils le retrouvoient si plein de richesses et magnificences (1). »

Alors, à la faveur de nos discordes domestiques, les incursions des Allemands se succédèrent sans relâche ; quelques

---

(1) *Entier Discours des choses qui se sont passées en la Réception de la Reyne et mariage du Roy, l'an 1570*, par Papirius Masson, — publié dans le *Cérémonial françois*, t. II, p. 40.

hardis aventuriers conviaient les gens d'Allemagne qui répondaient en foule, à venir piller au pays de France : parmi tant de provinces enviées, la Beauce fut peut-être celle qui excita le plus de convoitises et souffrit le plus de ravages.

En 1587, dans l'une des extrémités les plus pressantes de la monarchie, à la veille de la bataille de Coutras et de la journée des Barricades, lorsque la cour, la Ligue et les Huguenots s'entre-déchiraient, un Prussien, le baron de Dhona, passa les Vosges avec des bandes nombreuses de reîtres et de lansquenets ; il allait, disait-il, au secours du roi de Navarre, qui guerroyait de l'autre côté de la Loire. Arrivé aux environs de Gien, il oublia la Loire et le roi de Navarre, remonta vers Malesherbes, se répandit avec ses soldats affamés dans la Beauce qu'il avait promise à leurs cris avides (1), dans cette grasse et plan-

(1) Un des compagnons du roi de Navarre, Agrippa d'Aubigné, dit avec humeur : « Pour leur ôter l'espoir du retour, on leur fit fête de les mener en Beausse, où les vivres ne manquaient pas ; remède pire que le mal. » (*Histoire universelle* du sieur d'AUBIGNÉ, t. III, livre I, ch. XVI, p. 63.)

tureuse Beauce, où la terre regorgeait ; où l'on pouvait jouir en pleine sécurité, sans craindre d'embuscades sur son sol découvert ; où les chevaux enfonçaient dans l'avoine jusqu'au poitrail. Les Allemands traversèrent ainsi la Beauce, mangeant et rançonnant tout sur leur passage jusqu'à Auneau (1). C'est là que le fils du sauveur de Metz, le duc Henri de Guise, qui les suivait à la piste depuis la Lorraine, les surprit ; il les trouva établis dans les maisons, les rues barricadées avec des charrettes et des tonneaux ; ne leur donnant pas le temps de se reconnaître, il les tailla en pièces : après quoi leurs débris regagnèrent l'Allemagne, dans un état à faire pitié (2).

Mais, souvenirs de nos victoires d'autrefois, que nous voulez-vous ? Pourquoi nous tenter toujours ? Nous n'avons aujourd'hui

---

(1) Auneau est un gros bourg de la Beauce, qui est aujourd'hui un chef-lieu de canton du département d'Eure-et-Loir, dans l'arrondissement de Chartres.

(2) On peut consulter à cet égard l'*Histoire universelle*, de Jacques-Auguste DE THOU, t. X, liv. LXXXVII, ainsi que les Œuvres de BRANTÔME.

à parler que de défaites: avançons vers Loigny ; bientôt nous apercevrons le dôme de son église, qui projette son ombre dans la campagne ou qui rayonne sous les feux du soleil.

II.

Le Château de Villepion.

Sur le seuil de l'arène dont Loigny fut le centre, voici encore un survivant du passé, qui nous arrête : c'est un vieux château, c'est Villepion.

Bâti sur le bord d'une voie romaine, aux confins de l'Orléanais et de l'ancien pays des Carnutes, probablement sur l'emplacement de quelque poste d'infanterie des Césars (1), touché et retouché par bien des générations successives, le château de Villepion a reçu sa dernière forme entre le seizième et le dix-septième siècle, à cette époque indécise où l'art se balance entre la capricieuse élégance des Valois et la fierté sévère de Louis XIII.

Villepion a désormais un nom acquis à l'histoire, un nom de bataille, presque de

---

(1) Villepion, en latin *Villa peditum*.

victoire (1); il fut le théâtre du combat glorieux qui devait, hélas! s'achever, le lendemain, dans les flammes de Loigny. Lorsque, le 1ᵉʳ décembre 1870, commença le mouvement en avant de l'armée de la Loire, qui concordait avec les sorties de l'armée de Paris dans la vallée de la Marne, Villepion, qu'occupaient les Bavarois avec une nombreuse artillerie, fut enlevé par nos soldats, 39ᵉ de marche, mobiles de la Sarthe, chasseurs à pied ; son parc emporté d'assaut après la plus vigoureuse attaque : l'ennemi battit en retraite, délogé de toutes les positions retranchées où il avait établi ses premières lignes.

Mystérieuse vocation des choses ! Comme les hommes, les lieux ont leur destin, tout plein de rencontres inattendues. En moins de trois siècles, ce vieux château de Villepion, encore balafré par les obus, ce châ-

---

(1) Dès le 1ᵉʳ décembre 1870 au soir, le général Chanzy, commandant le 16ᵉ corps d'armée, télégraphiait au Gouvernement de Tours: « Mon corps d'armée saura répondre à ce que le pays attend de lui: il vient de l'affirmer par le combat de Villepion. » (Voir également l'ouvrage du général Chanzy, *La deuxième armée de la Loire*, au chap. *Combat de Villepion*, p. 52.)

teau à qui la guerre a fait sa rude visite, aura vu passer dans ses murs les figures les plus bigarrées et les plus curieuses, la comédie aux cent actes divers dont parle le poëte! Au temps de Henri IV, dans des années de convalescence et de paix, c'est une Descartes qui l'habite, vraisemblablement quelque parente du jeune homme de Touraine, René Descartes, qui s'apprête à composer le *Discours de la Méthode* et à ouvrir l'ère de la philosophie moderne. Une ou deux générations s'écoulent: la châtelaine de Villepion est Mad. Cornuel (1), la

---

(1) Anne Bigot, mariée à Guillaume Cornuel, seigneur de Villepion, trésorier de l'extraordinaire des guerres. Sa famille était probablement originaire d'Orléans. On peut consulter sur elle, — outre une notice de M. Monmerqué dans la *Biographie universelle* de Michaud, et une curieuse étude de M. Livet, dans son livre *Précieux et Précieuses*, — les Mémoires de Tallemant des Réaux et presque tous les Mémoires relatifs au XVIIe siècle.

A la mort de Mme Cornuel, un poëte, qu'on croit être l'abbé de Chaulieu, composa une épitaphe où se lisaient ces vers :

> Dans ses mœurs, quelle politesse!
> Quel ton, quelle délicatesse
> Éclatait dans tous ses discours!
> Ce sel tant vanté de la Grèce
> En faisait l'assaisonnement.....

femme la plus spirituelle du royaume, une des personnes qui ont le plus naturellement excellé dans l'art tout français de voiler le sérieux sous un sourire et de dire en se jouant des vérités profondes. Jusqu'à l'âge de quatre-vingt-huit ans, au milieu de la société la plus polie de l'univers, elle tient sans conteste le sceptre de la conversation. Les femmes elles-mêmes reconnaissent sa royauté : Mlle de Scudéry trace d'elle le portrait le plus enchanteur (1) ; Mad. de Sévigné la cite avec un ravissement toujours nouveau dans ses

---

(1) « Zénocrite est belle, dit Mlle de Scudéry, en parlant de Mme Cornuel ; sa personne est bien faite ; sa physionomie est fine, quoiqu'elle ait aussi quelque air languissant ; elle dit les choses comme si elle n'y pensait pas, et les dit pourtant plus spirituellement que ceux qui y pensent le plus. »

Dans son ouvrage, *la Société française au* XVIIe *siècle, d'après le grand Cyrus de Mlle Scudéry*, M. Cousin a lui-même consacré quelques pages très-élogieuses à Mme Cornuel : « Les bons mots de Mme Cornuel, dit M. Cousin, sont de véritables sentences, des traits qui pénètrent jusqu'au fond des choses, et gravent pour toujours une pensée, un caractère, une situation. »

lettres à Mad. de Grignan (1); Saint-Simon, à son tour, oublie sa roture, pour vanter ses bons mots qu'il déclare des *apophthegmes* (2). Tandis que Mad. Cornuel remplissait ainsi la cour, la ville et la province, de ses réparties ailées et acérées comme des flèches, son fils, M. de Villepion, faisait des actions d'éclat (3), il devenait maréchal des camps et armées du roi et l'un des meilleurs officiers de Catinat et de Villars.

Tournez le feuillet, passez d'un siècle à un autre ; dans les premières années de Louis XV, ce n'est plus une femme bel esprit qui règne à Villepion, c'est un grave diplomate, c'est un membre de l'Académie :

---

(1) Après avoir rapporté à sa fille quelques saillies de Mme Cornuel, Mme de Sévigné ajoutait, le 17 avril 1676 : « Ne trouvez-vous pas Mme Cornuel admirable ? »

Mme Cornuel était déjà morte que le charme n'était pas rompu encore ; félicitant le petit Coulanges d'un trait d'esprit, Mme de Sévigné lui écrivait, le 19 juin 1695 : « Il nous semblait que Mme Cornuel était ressuscitée, ou qu'elle l'avait mandé de l'autre monde. »

(2) Saint-Simon, dans une note sur le *Journal de Dangeau*, à la date du 9 février 1694.

(3) Voir, notamment, le *Journal de Dangeau*, t. II, p. 457, et t. VI, p. 4.

Fleuriau, comte de Morville, Ministre des Affaires étrangères, celui-là même qui, rompant avec la politique du traité d'Utrecht, négocie le traité de Hanovre pour réunir la France, l'Angleterre et la Prusse dans une alliance commune contre l'Espagne et l'Autriche. En ce temps-là, vers l'année 1725, les Fleuriau, d'une élévation récente, sont peut-être la famille la plus considérable de l'État; pendant que le fils dirige les relations extérieures, le père, Fleuriau d'Armenonville, est Chancelier, et l'oncle, un autre Fleuriau d'Armenonville, évêque d'Orléans, est un vénéré prélat.

Villepion ne quitte les Fleuriau que pour échoir par mariage à de plus grands seigneurs, il est la dot de Mlle de Morville, mariée au marquis de Crussol qu'attendait une tragique aventure. Pierre-Emmanuel de Crussol, marquis de Crussol, avait fait une brillante entrée dans la vie: se trouvant, presqu'enfant, au siège de Montalban, dans le comté de Nice, il écartait les soldats qui voulaient l'empêcher de monter à l'assaut, il leur répondait par un mot qu'on aime à rappeler à quelques pas de l'endroit où M. de Charette et ses compagnons sont tombés dans leur sang: « Eh, s'il n'y avait pas de coups de fusil à essuyer, qu'est-ce qui y monterait (1)? » Porté par sa naissance et par sa vaillance, il arriva à tous les honneurs et à toutes les dignités, presqu'aussi vite qu'il montait à l'assaut. Lorsqu'à la paix d'Aix-la-Chapelle, l'Infant don Philippe, époux d'Elisabeth de France, reçut la principauté de Parme, le roi Louis XV désira placer un Ministre de confiance dans la ville des Farnèses où allait résider sa fille préférée, il choisit M. de Crussol. Que se passa-t-il là-bas? La rumeur s'était répandue d'abord, que, dépaysée loin de Versailles, la princesse ne pouvait se distraire de l'absence de l'ambassadeur, qu'elle voulait l'avoir sans cesse auprès d'elle (2); la nouvelle fut

(1) *Mémoires du duc de Luynes* sur la cour de Louis XV, t. XII, p. 338.

(2) « M. de Crussol est aimé et considéré à cette cour; l'Infante le traite avec toutes sortes de distinctions; elle voudrait l'avoir toujours avec elle, à peine a-t-il le temps de dîner..... » *Mémoires du duc de Luynes,* septembre 1751, t. XI, p. 218

bientôt que, peu à peu, dans ce dangereux commerce, l'ambassadeur s'était pris pour la princesse, d'une passion qui dégénéra en folie (1) : il fallut l'enfermer dans sa chambre et le ramener de force en France; il y mourut, à peine âgé de quarante-et-un ans (2).

La Révolution trouva le château de Villepion aux mains d'une famille orléanaise ; de cette famille est sorti l'écrivain célèbre (3) qui, le premier, dans son *Histoire*

---

(1) Dans ses Mémoires, le marquis d'ARGENSON, ancien Ministre des Affaires étrangères, dit tout crûment : « Le marquis de Crussol, cordon bleu et envoyé de France à Parme, est devenu fol d'amour pour Madame Infante, quelque laide qu'elle soit : il est enfermé dans sa chambre ; on a mandé son cousin le duc d'Aiguillon, pour le venir chercher..... » *Journal et Mémoires du marquis d'Argenson*, 27 avril 1754. — Voir également les *Mémoires du duc de Luynes*, dont le langage est plus réservé, avril 1754, t. XIII, p. 235.

(2) *Mémoires du duc de Luynes*, janvier 1758, t. XVI, p. 327.

(3) Dans sa notice biographique sur M. le baron de Barante, M. GUIZOT parle, dans les termes les plus délicats, de sa mère, Mlle Tassin de Villepion, *d'une très-honorable famille d'Orléans*, et de l'influence qu'elle exerça sur son fils. *Mélanges biographiques : M. de Barante*, par M. GUIZOT, p. 231.

des ducs de Bourgogne, a peint avec le coloris des anciens jours la vierge victorieuse à Patay. Qui eût dit qu'avant la fin de notre siècle, tous les échos de batailles, endormis dans ces plaines, se réveilleraient avec une vivacité formidable ? Villepion a été environné d'une mêlée plus terrible que celle du passé : les chariots de guerre ont rempli ses cours, le bruit traînant des sabres s'est prolongé dans ses salles ; devenu, en une halte trop courte, le quartier-général de l'amiral Jauréguiberry, qui l'avait, le 1er décembre, si énergiquement arraché aux Bavarois, il a pu croire qu'il revoyait l'un de ces marins de Charles VII, également prompts à tous les combats par terre et par mer. Etait-ce l'amiral de France, Louis de Culant (1), présent à Patay aux côtés de Jeanne d'Arc ? Ou bien, n'était-ce pas cet autre amiral, messire de Coitivy, qui, après avoir chevauché, la lance au poing, dans tout l'Orléanais, s'en alla se faire tuer d'un coup de canon,

---

(1) *Histoire de Charles VII, dite de la Pucelle d'Orléans,* publiée par Godefroy.

sur la brèche de Cherbourg repris par lui aux Anglais (1) ?

Le 2 décembre au soir, Loigny étant resté au pouvoir des Allemands, Villepion y rentra définitivement : la guerre fut poussée ailleurs. C'était peut-être à Villepion, par une année où la fertile Beauce avait été infidèle à elle-même, que Mad. Cornuel s'était avisée de dire des victoires, cruellement achetées, et sans cesse à recommencer, du maréchal de Luxembourg dans les Pays-Bas : « Les victoires de M. de Luxembourg sont comme nos blés, elles ne rendent pas (2). » Cette réflexion amère, l'étranger a dû la faire plus d'une fois, en ce dur hiver où, toujours vainqueur, il rencontrait toujours le vaincu renaissant de ses défaites dans toute cette série d'engagements meurtriers qui, de Loigny et de Villepion, s'échelonnèrent jusqu'au Mans.

---

(1) *Chronique du roi Charles VII, par Berry, premier héraut*, publiée par GODEFROY.

(2) *Mémoires de Tallemant des Réaux*, édition de M. Monmerqué, t. V, p. 188. — Tallemant des Réaux a recueilli un grand nombre des mots de Mme Cornuel.

Déjà, dans la nuit la plus lointaine des âges, le lien du sang avait uni Loigny et Villepion : c'était à Villepion qu'avait été décapité, au milieu du quatrième siècle, le saint qui donna son nom à Loigny (1). Le flot le plus noir des invasions barbares recouvrait alors ces régions ; les Suèves, les Alains, les Vandales fourmillaient de toutes parts : ils mirent à mort le missionnaire qui leur montrait la croix. Transportées de Villepion à Loigny où une église fut érigée en leur honneur, les reliques du soldat du Christ y demeurèrent jusqu'à ce que, cinq cents années après, d'autres envahisseurs, les Normands, eussent paru : elles furent en toute hâte amenées à Paris (2); elles y reposèrent, abritées derrière ses remparts, durant le siège que, défendue par l'aïeul des Capétiens, la grande capitale soutint contre les pirates du nord.

Plus de mille ans ont passé, l'invasion

---

(1) Loigny, *Lucaniacum*, doit son nom à Saint-Lucain.

(2) Chorographie du Dunois, par M. l'abbé Bordas, — manuscrit du xviiie siècle, publié à Châteaudun, 1851.

est revenue comme au temps où la France n'était encore que la Gaule ; Paris a été assiégé comme sous le comte Eudes ; et dans cette terre de Beauce, d'autres restes mutilés ont remplacé les ossements dispersés du martyr.

III

Le monument du duc de Luynes, à Nonneville.

Près de Villepion, avant les premières maisons du petit village de Nonneville qui a eu, lui aussi, son combat, sur le bord du chemin, un monument que surmonte une croix, vient frapper les yeux : est-ce un trophée ? Est-ce un tombeau ? Il remémore la fin illustre du duc de Luynes, tué en avant de Nonneville, le 2 décembre 1870.

Le jeune duc est venu mourir presque chez lui, sur une terre de famille, dans ce comté de Dunois qu'avaient recueilli ses ancêtres (1), et dont ils portaient le titre, si fameux contre l'étranger. Les inscriptions funéraires ne disent rien de tout cela, elles se contentent de rappeler ce qui a fait la gloire immortelle de cette mort, en ce monde et pour l'autre.

(1) Le comté de Dunois est entré dans la maison de Luynes, en 1710, par le mariage du duc de Luynes, avec la dame de Bourbon-Soissons, comtesse de Dunois.

ICI ONT REPOSÉ
DU 7 AU 14 DÉCEMBRE 1870
LES PRÉCIEUX RESTES DE
CHARLES HONORÉ EMMANUEL
D'ALBERT DE LUYNES,
DUC DE LUYNES ET DE CHEVREUSE,
ANCIEN SOUS-LIEUTENANT
AUX ZOUAVES PONTIFICAUX,
CAPITAINE ADJUDANT-MAJOR
DU 1er BATAILLON DES
MOBILES DE LA SARTHE,
GLORIEUSEMENT TOMBÉ
AU CHAMP D'HONNEUR
A LA BATAILLE DE LOIGNY
LE 2 DÉCEMBRE 1870
A L'AGE DE 25 ANS.

IL N'A PAS CRAINT DE QUITTER
SA FEMME ET SES PETITS ENFANTS
ET IL A DONNÉ SON SANG POUR
LA DÉFENSE DE SON PAYS.

QUE LA PENSÉE DE SA FOI
SI VIVE, DE SA RELIGION SI
SINCÈRE, DEMEURE A JAMAIS
DANS VOS AMES. ELLE SEULE
PEUT MODÉRER VOTRE DOULEUR.

(LACORDAIRE).

IL ÉTAIT DANS LA DISPOSITION
DE VIVRE AVEC HONNEUR
OU DE MOURIR GLORIEUSEMENT.
(*Livre I*er *des Machabées*, ch. IV, vers. 35.

ET PRENANT LES ARMES
LE PREMIER IL EXHORTA
LES AUTRES A S'EXPOSER
COMME LUI AU PÉRIL.
(*Livre II des Mach.*, ch. XI, vers. 7.

SI NOTRE HEURE EST ARRIVÉE
MOURONS COURAGEUSEMENT
POUR NOS FRÈRES ET NE
SOUILLONS PAS NOTRE
GLOIRE D'AUCUNE TACHE.
(*Livre I*er *des Mach.*, ch. IX, vers. 10.)

QUEL EST CELUI QUI SE LÈVERA
POUR LE COMBAT DE SON PAYS ?
J'AI RÉPONDU : C'EST MOI
ADVIENNE QUE POURRA.

A DIEU NE PLAISE QUE JE VEUILLE
ÉPARGNER MA VIE TANT QUE
NOUS SERONS DANS L'AFFLICTION,
CAR JE NE SUIS PAS MEILLEUR
QUE MES FRÈRES.
(*Livre I*er *des Mach.*, ch. XIII, vers. 5.)

Comme elle est belle, cette langue de l'Écriture! Comme elle parle divinement de l'honneur, du sacrifice, de la patrie! C'est bien là le livre que Dieu a dicté pour l'homme! C'est la source où toutes les générations viennent puiser, toutes les fois qu'elles désespèrent d'égaler leur éloge à quelque grandeur qui les ravit et qui les accable. Avec un texte des Machabées, Fléchier louait Turenne, le renommé capitaine tombant à la tête de son armée dans un trépas triomphal; avec un texte des Machabées, quelques pierres d'un champ de Beauce célèbrent le noble enfant qui, s'arrachant aux splendeurs et aux joies de la vie, a préféré mourir pour son pays.

Et en même temps, si les pages sacrées savent chanter la gloire, comme, mieux encore, elles chantent la douleur! Elles n'ont pas vieilli d'un jour; elles ont gardé, avec un accent éternel, la perpétuelle fraîcheur des larmes de l'âme humaine.

Croyants ou incroyants, allez le long des siècles, recueillez les plus beaux cris échappés à l'homme, les gémissements harmonieux de ses poëtes, les austères leçons de ses philosophes : est-il rien de comparable à ces plaintes qu'a entendues la Judée pour les répandre ensuite dans tout l'univers ?

Certes, pour choisir un grand parmi les plus grands, Napoléon a été un génie extraordinaire ; écoutez-le donner un regret à un jeune soldat qu'il a vu mourir dans la fleur de l'âge et du courage : « Il est mort avec gloire, et en face de l'ennemi ; il n'a pas souffert un instant. Quel est l'homme raisonnable qui n'envierait pas une telle mort ? Quel est celui qui, dans les vicissitudes de la vie, ne s'abonnerait pas pour sortir de cette manière d'un monde si souvent méprisable ? Quel est celui d'entre nous, qui n'a pas regretté cent fois de ne pas être soustrait aux effets puissants de la calomnie, de l'envie et de toutes les passions haineuses qui semblent presque exclusivement diriger la conduite des hommes (1) ? » Sans doute, Napoléon a raison ; tout ce qu'il dit de la vie et de l'homme et du monde, est vrai ; et cependant, relisez

(1) Lettre du général Bonaparte au général Clarke, à l'occasion de la mort de son neveu, 29 brumaire, an V.

les versets des Machabées ! Comme c'est plus humain et plus divin tout ensemble ! Comme cette voix qui sort des Saints Livres, pénètre plus profondément et monte plus haut ! Comme elle entre plus avant dans les cœurs déchirés, pour y faire retentir un écho du monde où la mort n'est plus ! C'est pourquoi les paroles du conquérant se sont envolées dans l'air, avec la poussière de son cheval et la fumée de ses batailles ; celles du livre des Machabées demeurent, elles règnent toujours sur l'âme de l'humanité, elles y versent la pitié, la force, la paix. Il n'y aura pas une mère, pas une femme, pas une fille vêtue de noir, qui, les lisant sur cette colonne sépulcrale de Nonneville, ne sentira une douceur inconnue se mêler à ses pensées ; quels que soient leur rang et leur condition, toutes s'arrêteront un instant, toutes tressailleront, pareilles au voyageur fatigué qui, dans la nuit où il marche, aperçoit soudain, derrière le nuage, les étoiles au ciel.

IV

La plaine de Loigny.

L'action où le duc de Luynes fut tué avec tant d'autres des valeureux mobiles de la Sarthe, n'a été qu'un épisode de la grande bataille engagée, durant la longue journée du 2 décembre 1870, autour de Loigny. Celui qui veut ressusciter cette journée avec ses anxiétés, ses péripéties variées, son dénoûment lugubre, n'a qu'à considérer les champs où elle se passa; elle y respire encore. Comme Brantôme parcourant les cimetières abandonnés de Pavie, il croira voir les morts de la patrie se dresser de leur couche, leurs yeux s'animer, leurs bras se tendre et chercher dans le vide, leurs lèvres muettes parler toujours des deuils inconsolés de la France.

De tous les côtés, des croix de tombes se montrent; dispersées sur toutes les avenues de Loigny, on dirait des bornes milliaires d'une voie sacrée. La plupart de ces croix sont petites, elles ont été faites avec les deniers du pauvre : en hiver, quand tout est abaissé et terni, elles semblent hautes, elles se détachent seules sur la face morne des choses ; peu à peu, à mesure que les blés grandissent, elles disparaissent dans leur ombre, jusqu'à ce que la moisson étant coupée, elles recommencent à s'élever du milieu des gerbes d'or que la faucille a tranchées comme toute l'ardente jeunesse tombée en ces lieux.

Entre toutes les croix qui se pressent, une croix de granit domine les autres, elle appelle de loin les regards ; ainsi qu'il arrive presque toujours, c'est une femme qui l'a érigée, c'est une femme qui a conçu cette sublime représentation de sa douleur. La scène du Golgotha se retrouve partout, elle forme naturellement un des horizons immobiles de l'humanité : une croix d'où le sang coule ; puis à l'entour, quelques femmes agenouillées, qui pleurent.

Au pied de cette croix dont une couronne d'épines, fouillée à jour dans le même granit sombre, enlace les bras, a été creusée une tombe que recouvre une pierre de granit : la croix protège la tombe, elle a l'air de la regarder doucement, comme une mère qui regarde son enfant dormir. C'est encore un verset des Machabées qui sert d'épitaphe, il est joint à quelques exhortations viriles (1) d'un vieux martyr africain qui périt sous le glaive, saint Cyprien. Par une touchante délicatesse, la veuve qui a élevé cette croix et cette tombe à son mari, mort à trente ans, n'a pas voulu le séparer de ceux qui sont morts avec lui. Avec la mémoire de Fernand-Louis de Ferron, l'inscription funèbre rappelle celle de trente-trois zouaves pontificaux, ses camarades, frappés à ses côtés ; elle rappelle aussi d'autres compagnons des mêmes combats et de la même fin, des francs-tireurs de Tours et des francs-tireurs de Blidah, des mobiles des Côtes-du-Nord, venus de cette Bretagne dont l'hermine s'est, une fois de plus, teinte de sang pour la France, dans ces mêmes plaines où le connétable de Richemont l'avait victorieusement déployée auprès de la bannière de Jeanne d'Arc.

(1) Celui-là fait une mort précieuse qui achète l'immortalité au prix de son sang. (Saint Cyprien.)

Tant de témoignages d'une piété si fidèle, tant de tombes, tant de croix, sont un spectacle salutaire ; ils interrompent l'oubli qui vient si vite ; ils font ressouvenir, par les traits les plus sensibles, de tout ce que Dieu a mêlé de souffrances à cette terre généreuse où la nature reverdit comme par le passé, où l'alouette a repris sa chanson joyeuse, où le vent des nuits souffle indifférent sous l'étincelant azur. O fantôme de la gloire, que tu es triste à voir de près ! La bataille terminée, tandis que la Renommée s'élance jusqu'au bout du monde avec des bruits de clairon, il faut aller au plus pressé, il faut déblayer les lieux qui ont reçu tant d'héroïsme, il faut faire disparaître les morts, les cacher au plus profond du sol, dans les carrières de sable, dans les vieux puits qu'ils combleront ; car ces nobles dépouilles deviendraient un poison dans l'air : c'est là l'homme !

Et si tel fut le sort des morts, quel fut celui des mourants, dans le désert de ces champs de Loigny, dans le froid, dans la neige, dans les frimas de ces jours de décembre? Ceux qui succombèrent tout de suite, une balle au front, la poitrine au soleil, ne furent pas les plus à plaindre ; lorsque le canon grondait encore, les cœurs étaient hors d'eux-mêmes, l'enthousiasme dorait de ses rayons les noirs abîmes qui s'ouvraient.

Mais, là comme ailleurs, là plus qu'ailleurs peut-être, ce fut le soir de la bataille que le drame épuisa ses angoisses et son horreur. Représentez-vous cette première nuit qui suivit la terrible journée : la grande voix du canon s'est tue ; la terre, toute tremblante encore, s'étonne du silence qui l'envahit ; on n'entend plus dans l'immense étendue que les cris étouffés, plaintifs, suppliants des blessés. Ils sont là, confondus avec les ténèbres, ne sachant si quelqu'un se souvient qu'ils sont au monde, dispersés sous les arbres rares, le long des haies, dans les fossés, où ils se sont traînés pour ne pas périr écrasés sous la roue des chars et sous les pieds des chevaux.

Cependant quelques hommes de bonne volonté se sont dévoués, ils vont rechercher les blessés épars ; dans ces mêmes champs de la Beauce, Jeanne d'Arc, apercevant un Anglais mourant, s'est penchée vers lui, lui a soulevé la tête, l'a consolé (1) ! Ils marchent à l'aventure ; un murmure a retenti là-bas : est-ce le vent dans les branches ? non, c'est un homme qui meurt ! On accourt, à côté de lui sont des camarades : ils gisaient perdus, presque tous la face tournée vers le ciel qui a recommencé sa fête accoutumée, pensant vaguement aux êtres qu'ils ne verront plus, aux visages aimés qui s'effacent, à la vie qui, tantôt par d'affreux déchirements, tantôt par un épuisement sourd, s'en va.

Mais quelquefois, ô malheur ! les blessés sont tellement nombreux, que les moyens de transport se trouvent insuffisants ; il ne sera pas possible de les emmener tous, force sera de faire un choix. C'est le médecin qui prononce, il désigne lesquels, de tous ces mourants, ont le plus de chances pour ne pas mourir ; ce sont ceux-là qu'on essayera de sauver. Celui

---

(1) *Tenendo eum in caput et consolando.* Procès de révision; déposition de Louis de Contes, page de la Pucelle.

que l'implacable nécessité contraint d'abandonner, a peut-être entendu les impressions échangées, tout ce qui s'est dit à voix basse au-dessus de sa tête ; il sortira de sa muette agonie pour jeter un dernier cri : moi aussi, je pourrais vivre encore ! Hélas ! c'en est fait, il ne pourra pas vivre, il mourra là où il est couché ; a-t-il toujours à envier celui qui s'éloigne ? Le voilà, le pauvre blessé qu'on emporte vers l'ambulance : comme les voitures étaient encombrées, on l'a placé sur une charrette ; comme le linge manquait, on a essuyé ses plaies avec de la paille. Il arrive enfin ; il a un moment de joie : il goûte l'inexprimable bonheur de sentir autour de lui la paix et l'amour; il a revu la Sœur de Charité ! Un peu d'espérance lui sourit ; amputé, il pourra vivre encore : l'amputation est pratiquée, elle paraît réussir. Vaine lueur ! Trop souvent, ce n'aura été qu'une souffrance de plus, pour entrer dans la mort.

Plaines de Loigny, vastes plaines nues qu'ont ébranlées tant de combats ; où tant de derniers soupirs se sont exhalés ; à qui la douleur humaine a confié tant de secrets, dites si nous exagérons, dites si notre imparfaite ébauche atteint à la poignante réalité !

A Loigny, le drame fut une épopée.

V

Loigny, sa colonne, son église.

La journée du 2 décembre touchait à sa fin ; elle n'avait pas été bonne : malgré l'effort de jeunes troupes qui, presque partout, avaient fait leur devoir, l'armée de la Loire avait perdu la plupart des positions conquises la veille ; le découragement qui engendre la déroute, se répandait. Les Allemands tenaient Loigny ; à l'exception du cimetière où quelques soldats de notre 37e régiment de marche se débattaient avec une constance intrépide, ils étaient maîtres de tout le village : servis par une artillerie formidable qui, dès le matin, partant de leurs rangs encore invisibles, avait semé au loin la défiance et le désordre, ils avançaient maintenant, menaçant d'envelopper ou d'écraser tout ce qui s'agitait dans la plaine labourée par leurs obus.

Ce fut alors que le général de Sonis (1) conçut dans son âme héroïque un remède héroïque comme elle : il regarda quels hommes il pourrait jeter contre le poids énorme de ces masses victorieuses, pour les arrêter, pour les retarder, peut-être pour les refouler, pour leur faire croire, à force d'audace et d'impétuosité, qu'ils étaient, non une poignée, mais une armée ; puis aussi pour rendre, par leur exemple, du courage aux défaillants. Les zouaves du Pape, devenus les Volontaires de l'Ouest, furent choisis ; la bannière du Sacré-Cœur au milieu d'eux, et M. de Charette à leur tête, ils s'élancèrent avec une telle assurance, un tel entrain, une telle splendeur de fermeté tranquille, qu'étourdi, déconcerté, s'imaginant voir se précipiter bataillons sur bataillons, l'ennemi, l'innombrable ennemi recula. Lorsque, reconnaissant leur erreur, les Allemands eurent repris l'offensive, les zouaves du Pape

---

(1) Notre intention n'est pas de donner un récit détaillé de la bataille de Loigny : récit qui a été fait avec un admirable talent par M. Auguste Boucher (*Bataille de Loigny*, en vente chez Herluison, libraire à Orléans).

firent, ne pouvant faire plus, ce que Corneille demande à ses héros : ils moururent.

La charge des zouaves du Pape à Loigny a été immédiatement saluée d'une extrémité du monde à l'autre, comme un titre de noblesse pour l'humanité; elle fut belle d'une beauté sans tache, belle comme les Thermopyles, belle comme Roland à Roncevaux. Laissez le temps descendre avec ses ombres; toute cette histoire formera une légende qui entrera dans la grande poésie des nations.

Comme c'était la bannière du Sacré-Cœur qui avait mené le combat pour la France, la colonne funèbre et triomphale a été élevée au Sacré-Cœur; jaillissant, comme une prière, de la terre arrosée de sang, elle monte vers le ciel, du milieu d'un petit bois d'acacias, de cytises, de lilas, où la lutte fut terrible, où les immolations furent magnifiques (1).

Ce monument auguste est encore l'ouvrage de la douleur; deux familles en

(1) C'est là, comme une inscription l'indique, que fut tué M. de Troussures, l'un des meilleurs lieutenants de M. de Charette.

deuil (1), trois veuves ont voulu honorer ainsi, avec la mémoire de leurs morts chéris, celle de tous les héros morts sous la même bannière. La colonne est haute et majestueuse, toute taillée, avec ses fiers emblèmes, avec ses couronnes et ses palmes, dans un granit couleur de fer; une grandiose statue du Sacré-Cœur la domine; sur sa base massive sont écrits

---

(1) Ce sont les familles de Verthamon et de Bouillé qui ont érigé la colonne du Sacré-Cœur. Nous parlerons tout à l'heure de MM. de Bouillé; M. de Verthamon, qui mourut comme eux, portait la bannière du Sacré-Cœur. L'une des inscriptions de la colonne est conçue en ces termes :

A LA MÉMOIRE
DE MARTIAL-MARIE-LOUIS-HENRI
Cte DE VERTHAMON,
ENGAGÉ AUX VOLONTAIRES DE L'OUEST
(ZOUAVES PONTIFICAUX),
NÉ A BORDEAUX, LE 19 FÉVRIER 1833,
BLESSÉ MORTELLEMENT AU COMBAT DE LOIGNY.

IL NOUS EST MEILLEUR
DE MOURIR DANS LE COMBAT
QUE DE VOIR LES MAUX DE NOTRE PEUPLE,
ET LA DESTRUCTION
DE TOUTES LES CHOSES SAINTES.

(Livre des MACHABÉES).

ces mots qui flamboyent : Gloire aux vaincus !

Étrange spectacle sur un champ de bataille ! Où le monde a-t-il rien vu de pareil ? Arrière ces colonnes de marbre et de bronze, où les vainqueurs étaient toujours représentés avec leurs vaincus sous leurs pieds ! Tout a changé ; le Dieu des armées, le Jéhovah environné d'éclairs et de tonnerres s'est voilé lui-même : seul, le Dieu de compassion et de charité est demeuré, il montre son cœur aux hommes, ce cœur que la lance d'un soldat perça, et qui enfante maintenant des soldats amoureux du sacrifice.

Loin de nous, assurément, la pensée, que, sans la religion, l'amour de la patrie ne saurait être ! Avouons cependant qu'elle y prête et qu'elle y pousse avec une énergie toute puissante : la religion communique une profondeur, une vie, une saveur toujours nouvelles à tous les sentiments simples de l'homme ; elle imprime à ses résolutions un sérieux extraordinaire. Ceux qui croient en Dieu, ont toujours cru d'une foi plus forte à toutes ces vieilles divinités domestiques qui s'appellent le Devoir, la Patrie, l'Honneur ; ils agissent comme ils croient, simplement, jusqu'au bout, jusqu'à la mort.

Savez-vous ce qui a fait à Loigny l'incomparable beauté de l'acte des zouaves du Pape ? Ce fut sa liberté : la plupart de ceux qui moururent là pour la France, auraient pu ne pas y mourir; ils pouvaient vivre ailleurs, respectés et paisibles ; ils vinrent de leur plein gré dans la fournaise. Comme il a été dit de Celui qui s'est dévoué pour la rédemption du monde, ils moururent librement ; tous ces morts étaient des volontaires. Est-il, nous le demandons, est-il, dans les fastes de la générosité humaine, beaucoup de traits qui fassent pâlir l'histoire de la famille de Bouillé ? Ils étaient trois, le père, le fils et le gendre ; rien ne les obligeait, aucune loi ne les appelait aux armes. Tous les trois veulent partir parce que la France est envahie ; M. de Charette hésite à les recevoir, il aurait désiré que l'un d'eux au moins, le plus âgé ou le plus jeune, restât pour consoler leurs foyers abandonnés. Tous les trois persistent : le fils tombe le premier, il disparaît (1), ne laissant d'autre trace de lui-même que la bannière du Sacré-Cœur, qu'il a recueillie des mains mourantes d'un compagnon, et que ses mains mourantes confieront à un autre compagnon, mort à son tour ; le père n'est relevé tout sanglant du champ de bataille, que pour expirer quelques jours après ; le gendre survit, portant, comme un témoin de tant de vertu et de deuil, une inguérissable blessure.

Approchons donc avec respect de l'église à laquelle aboutissent tous ces monuments sacrés ; de cette église de village, le zèle d'un prêtre, la piété publique ont fait un temple superbe. A quelques pas de son seuil, se trouvent encore des dolmens (2)

(1) La destinée du comte Jacques de Bouillé est racontée, sur la colonne du Sacré-Cœur, par ces versets des Machabées : « Il n'a point été pleuré au lieu où il est tombé.

« Il n'a point été rapporté au tombeau de ses pères et sa cendre est demeurée inconnue. »

(2) Le plus curieux de ces dolmens est celui de Villours (*Villa ursi*), petit hameau qui touche à Loigny, et où eut lieu une action très-meurtrière. (Voir sur ces antiquités druidiques, *les Mémoires de la Société archéologique de l'Orléanais*. t. V.)

où jadis, à l'ombre des grands chênes, les Druides égorgeaient les victimes humaines ; l'autel païen pourrait porter l'inscription qui décore l'autel chrétien : « Presque tout, selon la loi, se purifie dans le sang, et l'effusion du sang est la condition de la rédemption (1). » Seulement, des deux cultes, des deux civilisations, des deux mondes qui sont en deça et au delà de la croix, mesurez la différence ! La religion nouvelle, venue, non pour abolir, mais pour accomplir la loi, révère avec un éclat prodigieux, non ceux qui sacrifient les autres, mais ceux qui se sacrifient eux-mêmes.

Au chevet de l'église s'élève la chapelle funéraire : l'autel a sous ses pieds la crypte où seront rassemblés, comme en un caveau de famille, les ossements des soldats morts pour la patrie. Des deux côtés de l'autel, sur la muraille, sont des peintures où l'image rayonnante de Jeanne d'Arc, de celle qui vainquit à Patay, se mêle, de-

(1) « Et omnia penè in sanguine secundum legem mundantur, et sinè sanguinis effusione non fit remissio. »

vant le trône du Dieu protecteur de la France, au souvenir de ceux qui tombèrent à Loigny. Juste et délicate idée, que d'avoir réuni dans un embrassement fraternel Patay et Loigny, le triomphe et la défaite ! Tout ce qui a été raconté à la louange des vainqueurs de 1429, les vaincus de 1870 ont le droit de le revendiquer pour leur gloire : eux aussi, ils étaient d'*un hardi courage et de grande volonté* ; eux aussi, le même feu au cœur, ils allèrent *de plein élan* à l'ennemi, *si vigoureusement et tant soudainement* (1), qu'ils le firent reculer. Parce que l'issue fut différente, que la reconnaissance de la postérité ne le soit pas pour un dévouement qui fut semblable ! Où le succès manqua, l'honneur abonda.

(1) Ce sont les expressions de la *Chronique* de MONSTRELET.

VI

La France.

Disons-le avant de quitter ces lieux : dans la cruelle guerre de 1870, où l'avantage est resté, non pas à la nation la plus honnête ni à l'armée la plus vaillante, mais au gouvernement qui, par sa constitution, sa prévoyance et son commandement, avait su le mieux mettre en œuvre son armée et sa nation, tout n'a pas été humiliation pour la France. Cette église de campagne, avec ses catacombes remplies, l'atteste, elle n'est pas seule à l'attester ; les morts généreux qui vont y dormir, ne nous pardonneraient pas d'oublier ceux qui, ailleurs, les ont égalés. Que la France soit équitable envers elle-même ; si elle se vante trop, elle se dénigre aussi avec un contentement furieux : misérable disposition, née de l'envie, de la basse envie qui est, parmi nous, le principal ressort de la plupart des opinions et des jugements extrêmes.

La France n'a pas à baisser les yeux, elle peut les promener sans honte sur les champs de bataille où succomba sa fortune. Les soldats de Weissembourg, de Reichshoffen, des trois combats de géants de Borny, de Gravelotte et de Saint-Privat, ont reçu du petit-fils du grand Frédéric un hommage que l'aïeul n'avait pas accordé à leurs pères de Rosbach. Même à Sedan, même dans cette armée sur laquelle planait déjà l'ombre de l'agonie et de la déroute, il y a eu des héroïsmes dignes de cette vallée de la Meuse, où est encore la chaumière de Jeanne d'Arc; où fut le berceau de Turenne; non loin de laquelle Condé fit ses débuts à Rocroy. Durant l'occupation d'Orléans, nous avons entendu raconter à un officier de l'état-major du roi de Prusse de quelle admiration, au matin de l'affreuse journée, son roi avait été saisi devant les charges de notre cavalerie expirante. S'avançant en masses profondes, les Prussiens, déjà vainqueurs, développaient le mouvement tournant qui allait tout achever : la cavalerie, aux ordres du général Marguerite qui, mortellement blessé, est bientôt remplacé par le général de Galiffet, essaye, dans un effort suprême, de les arrêter, elle s'élance à fond de train, sabre et disperse la première ligne ennemie, atteint la seconde ; soudain un nuage de mitraille éclate, on ne voit plus qu'hommes et chevaux se débattant dans la poussière ; ceux qui survivent reprennent leur course, ils n'ont nul espoir de vaincre, ils tombent pour la France et l'honneur. Entouré de son état-major qui tressaillait comme lui, le roi de Prusse ne se lassait pas de répéter : les braves gens ! les braves gens (1) !

Et ce que nous disons de nos défaites, pourquoi ne pas le dire de cette résistance de Paris, qui, presque décriée dans notre pays, est de plus en plus admirée à l'étranger (2) ? Qu'on se reporte à l'impression

(1) Le général Ducrot a recueilli les mêmes paroles de la bouche du prince royal de Prusse, et il les a consignées dans son écrit : *La journée de Sedan.*

(2) Dans un des derniers travaux du génie prussien sur le siège de Paris, il est dit que la défense fut « remarquable par la puissance, par la multiplication des moyens employés, » et qu'elle peut être « mise en parrallèle avec les défenses les plus mémorables dont parle l'histoire. »

sincère, toute vive, qu'elle produisit au dedans comme au dehors de la France; c'était un soulagement après tant d'affronts, c'était un étonnement universel. Lorsqu'après Sedan, il fut manifeste que la route de Paris était libre; que rien d'organisé ne se trouverait devant l'épouvantable avalanche prête à fondre sur la ville qui avait tant fatigué le monde de ses modes, de ses plaisirs, de ses révolutions, de sa domination, une voix s'écria en Europe: c'est le châtiment de Sodome! Les plus indulgents ne portaient pas à plus de quinze jours la durée possible du siège, à peine le temps d'essuyer quelques bombes par respect humain et de se rendre au plus vite. Les Prussiens étaient pleins de confiance: ils pouvaient se rappeler toutes leurs villes, Berlin en tête, capitulant à l'envi après Iéna; ils se rappelaient la persévérante Autriche s'abattant après Sadowa, le Conseil municipal de Vienne conjurant et presque sommant le souverain de ne pas exposer sa capitale à un siège. Que ferait donc Paris? Il ferait moins encore; dès qu'il apercevrait l'ennemi, tout ce colosse de luxure se renverserait de lui-même! Puis, peu à peu, tout changea : de la brillante Athènes s'était dressée une Sparte mangeant du brouet noir et résignée derrière ses remparts! Ce qui ne devait pas durer deux semaines, dura plus de quatre mois. Les misères, les fautes, les crimes ont pu intervenir ou survenir; tout en flétrissant la démagogie qui a été la tache de boue et de sang au front de la France, pourquoi ne pas reconnaître ce qu'alors chacun a senti ? Pourquoi refuser un peu de justice à une défense, entreprise avec des moyens si faibles, et qui, après avoir honoré généraux, soldats et population, nous illustre encore dans notre chute ? Nous inclinons à croire que, durant les longs mois du siège, les yeux fixés sur la grande ville renfermée en elle-même, qui n'avait retenu de sa royauté passée que sa couronne inviolable de fer et de pierre, l'empereur Frédéric-Guillaume la considérait avec plus d'estime que lorsqu'il l'avait visitée, quelques années auparavant, dans l'étourdissement de ses fêtes.

Dans l'abîme où nous étions tombés, tous ces signes de dignité morale, qui apparaissaient çà et là, empêchaient l'espérance de mourir ; ils annonçaient la vie ; ils donnaient à penser que tout n'était pas perdu, qu'un travail réparateur se faisait, qu'une France meilleure, une France régénérée et retrempée, allait poindre. A l'une des heures les plus ténébreuses de nos désastres, nous nous souvenons qu'une aurore boréale se leva ; elle couvrit, comme une pourpre, tous les champs désolés qui s'étendaient de la Seine à la Loire. Que voulait dire ce présage ? Parfois il nous semblait que c'était le sang, obscurément versé par nos soldats dans des combats sans victoire, qui, se réfléchissant dans les cieux, dessinait l'aurore enflammée de la résurrection de la France.

Fasse la France que tant de sacrifices prodigués ne lui soient pas inutiles ! Pour le salut d'une nation, nous avons foi dans les âmes des soldats morts pour elle ; nous avons foi également dans la vertu des âmes qui prient au pied des autels, dans la suppliante puissance de ces saintes filles, qui, retirées au fond des cloîtres, brodent les bannières sacrées dont la blancheur vient rayonner ensuite entre les lueurs rouges de l'incendie et la noire fumée des batailles. Nier ces mystérieux patronages, nier l'influence qu'ils peuvent prendre sur les décrets de Dieu comme sur les destinées de l'humanité, ce n'est pas seulement un doute qui offense Dieu, c'est une injure faite aux instincts les plus profonds, les plus réfléchis, les plus sincères de l'humanité. Les plus grands génies et les plus grands peuples n'ont eu qu'un cœur et qu'une bouche pour confesser ces vérités consolantes. Dans les dernières années de Louis XIV, la France était aux abois, elle ne savait ce qu'elle allait devenir, l'Europe coalisée parlait déjà de la partager; pendant ce temps-là, dans le pays qu'avaient formé les leçons de Bossuet, de Pascal, de Descartes, de Corneille, les exhortations les plus pressantes étaient envoyées à toutes les communautés du royaume, pour prier encore, pour prier à coups redoublés. Tant de prières furent-elle entendues du ciel? Alors que tout semblait désespéré, le maréchal de Villars eut une illumination d'en haut, et la journée de Denain fut donnée à la France.

Et si nous interrogions plus avant l'histoire, comme la même loi bienfaisante se révèlerait dans toutes les conjonctures solennelles ! Tournée en moquerie par quelques esprits étroits qui sont tout desséchés dans leurs spéculations abstraites, elle a été reconnue et adorée par les hommes qui ont le plus agi, par ceux qui se sont le plus appliqués et tourmentés, par ceux qu'a possédés avec le plus d'ivresse ce que l'Apôtre nomme l'orgueil de la vie. La grandeur de leurs vues n'a servi qu'à leur mieux découvrir, avec les bornes de leurs moyens, l'immensité de Dieu de qui tout dépend. Charles-Quint, le dominateur universel, le victorieux qui avait humilié le roi très-chrétien à Pavie, les protestants à Mulhberg, le croissant à Tunis, était venu, avec une flotte de quatre cents navires, mettre le siége devant Alger l'infidèle. A peine avait-il débarqué que la tempête se déclara; elle fut horrible : en un jour d'octobre, la mer engloutit jusqu'à huit mille marins;

quinze vaisseaux de guerre et cent quarante transports furent submergés, la plupart jetés à la côte avec leurs ancres brisées; les vivres, les armes, la grosse artillerie qu'ils contenaient, les beaux chevaux de Naples et d'Andalousie, qu'ils avaient amenés, roulaient pêle-mêle dans les flots. Charles-Quint était accablé, il assistait au naufrage de son règne; avait-il donc vaincu le monde, pour échouer sans gloire contre des rochers de Barbarie ? Enveloppé dans un long manteau blanc, il marchait sur le rivage, malgré la pluie qui tombait, malgré la nuit qui s'avançait, ne répétant que ces mots : « Seigneur, que votre volonté soit faite ! » Tout d'un coup, s'adressant à l'un de ses officiers, il lui demanda quelle heure il était : « onze heures et demie, » lui fut-il répondu ; et alors, le visage illuminé par la joie, il s'écria : « Rassurez-vous ; dans une demi-heure, quand sonnera minuit, tous les religieux et toutes les religieuses de l'Es-pagne se lèveront et prieront pour nous. » Minuit sonna; peu à peu la tempête s'adoucit, les vagues amoncelées s'abaissèrent, Charles-Quint put reconduire à Carthagène les derniers débris qu'avait épargnés la mer; et tous crurent que c'étaient les religieux et les religieuses de l'Espagne qui avaient sauvé l'Empereur.

Pauvre France, qui as souffert, reste fidèle à toi-même, à tes immortels souvenirs, à tes morts, à ton Dieu. L'élite de l'humanité a pleuré tes malheurs, elle a senti que, si tu disparaissais, un vide se ferait au milieu d'elle; avec toi s'éteindrait le foyer le plus ardent et le plus fécond des généreux enthousiasmes, des élans désintéressés, des dévoûments magnanimes. Ton grand cœur a remué le monde; même en te maudissant, les nations ont subi ton charme. Tes erreurs n'étaient pas viles; jusque dans tes fautes reluisait encore quelque reflet de l'idéal; pour égarer tes enfants, il fallait toujours leur parler de justice; ils bondissaient aux extrémités de la terre pour une noble chimère. Tu avais voulu délivrer l'univers, affranchir toutes les races, rompre toutes les chaînes, tu avais frémi pour la Pologne, tu avais couru d'un hémisphère à un autre, des Alpes au Liban, de Pékin à Mexico ; lorsqu'attaquée par un ennemi mieux préparé, tu as cherché du secours, tu t'es trouvée seule, et ton sang ne t'a pas suffi.

Pauvre France, veille sur toi, tu n'es pas sortie de tes périls ; mutilée, tu fais envie et tu fais peur encore. Pour te garder contre tout mal à venir, appelle à ton aide tous tes vieux Génies tutélaires ; ils t'instruiront au milieu des tombes et des croix de Loigny ; ils te rediront à quel prix tu triomphas même de tes défaites. Tu as reçu du ciel le glorieux et douloureux privilège de ne pouvoir périr que de ta main ; si jamais tu devais mourir pour toujours sur un champ de bataille, c'est que tu aurais commencé par te déchirer et par te détruire toi-même.

TABLE.

                                                    Pages.

Avant-Propos........................... 5

I. Patay en Beauce...................... 7

II. Le château de Villepion............. 19

III. Le monument du duc de Luynes à Nonneville. 31

IV. La plaine de Loigny................. 37

V. Loigny, sa colonne, son église....... 45

VI. La France.......................... 54

162

www.ingramcontent.com/pod-product-compliance
Lightning Source LLC
LaVergne TN
LVHW051459090426
835512LV00010B/2237